Michael Lentz

Offene Unruh

100 Liebesgedichte

S. Fischer

2. Auflage: März 2010

© S. Fischer Verlag, Frankfurt am Main 2010
Alle Rechte liegen bei der S. Fischer Verlag GmbH, Frankfurt am Main
Buchgestaltung und Satz: Katja von Ruville, Frankfurt am Main
Druck und Bindung: CPI – Clausen & Bosse, Leck
Printed in Germany
ISBN 978-3-10-043926-0

du bleibst

<u>wir lieben uns.</u> dahinter
nichts. es rückt alles
an seinen platz. kein ereignis
ist vorbote. ein jedes steht
für sich. ein jedes steht allein.
ein jedes kommt einzeln
in den blick. wir halten es
dennoch nicht fest. wir finden
dazwischen statt. wir bleiben deutlich.

†

ich ein überwuchertes haus
die balkone einst geschmückt
nun abgewohnt und ausgesetzt
dem lötenden licht
was tobt hier? was ist da so tief gestorben?
unterm stapfen zerkrümelt das letzte blatt
die spinne hängt neben dem netz
im holz der stühle reißt der frost

ohne einblick die fenster
steht das auge gefangen im glas:
das verlassene ist allemal von größtem reiz
wenn keine veränderung mehr in sicht
doch schnell getränkt fällt ab der blick

erinnern also fügen
herausgerissen was erinnerlich das ist erinnerung

die feige sommergrün
ihre weiße blüte
der eingebrannte schatten
das nachbild verblasst
von uns keine spur
das ist erinnerung

dort hinten die schaukel
ein brennfleck der luft

8

der kirschbaum matt auf verklungener wiese
die trauerweide
das ist erinnerung hingeschrieben durchgestrichen
    hingeschrieben
und das gestrichene wächst durch

wir die bodendecker
über uns geht alles hinweg

im lebensdorf sind wir kleinwirsch
menschen kommen menschen gehen – aber
der anblick einer blume
unser trost unser stolz
vor jahren geschenkt lehnt sie noch immer da
gebückt verdorrt

von hier aus bist du nicht zu sehen
nicht fern und unendlich fern
sind wir ein schönes gleichnis
eine uhr im leeren zimmer

und die geht so schön vor
sich

ganz offene unruh
bin ich ein überwuchertes haus

<u>es regnet</u>
das ist unser
hintergrund
wir gehen in deckung
vom regen verstehen
wir
mehr als von uns

die wege leer und wir
ganz unbestellt
hier ist es deutlich kalt
der schöne ort ist ohne dich
ist ohne dich wie allerort

kein blütenrausch der luft
kein blütenrausch
keine gehobene stunde
der duft deines namens
dein atmender schritt
sind irgend irgendwo

ausgezogen steht das register leer

dass wir nicht mehr
sind ist keine stimmung
und es ist gewiss
nicht einfach
bloß gesagt

es ist dieses überharte bloß
gestellte bloßsein diese dampfende
bloßheit die nicht versiegt
der wir unsren sprachschatz schenken
unser nie geträumtes tränenreich

11

ich zittre und merke
ich bin verliebt
das geht vorüber wie hunger
der nicht gestillt wird
den man übergeht auf die heilige speise zu
ein schreiender baum im sommersatten feld
blattlos ohne bodenkontakt
und doch so gänzlich schön
die erhabene krone lenkt ab davon
was wirklich ist
ins geäst ging der blitz
der stamm steht gespalten
jetzt weiß ich nicht wohin

12

<u>verzeih</u>

ich habe immer genau sein wollen
dass die tür schließt wenn sie schließt
dass dies der letzte blick ist zurück
dein mund der warm ist deine hand
die umarmung die umarmung
dass die wiederholung nichts wiederholt
nur bestärkt ich habe ganz einfach
die dinge einmal klarstellen wollen: für immer
nun stehen sie ganz verloren da
als gäbe es immer nur was in den blick gerät
ich möchte mich später doch nicht ins einzelne verlieren
eine handvoll blick verfliegt
und später ist immer
und der rede folgt die widerrede und dem wunder
    des körpers
der wunderliche schatten
und von den dingen zuletzt liebten wir den schatten
vom wald liebten wir den schatten
den geruch der aus dem schatten tritt
und wenn wir uns sommers erschrecken gingen
    liebten wir
den spitzen schatten der bäume
in den wir heimlos versanken
so kühl so schützend
und dass wir ohne schatten sind verzeih
die liebe ist eine koppel die leer ist

13

die liebe ist ein wort das auf der stelle tritt
aber du bist nicht allein allein
ist das nicht die größte einsamkeit nicht allein zu sein?
einmal einen klaren gedanken fassen und die hand färbt
  ihn ein
die hand die noch warm ist der mund
dass dies der letzte blick ist zurück
und dass die tür wenn sie schließt verschlossen bleibt

sonst gedächtnis

der fieberton einer mücke rückwärts
gesungen
du wendest dich um

sonst
gedächtnis

gedächtnis
umsonst

der schmetterling verliert
sein kleid

der käfer macht kehrt
wohin
wohin auch

und segelt
und segelt im abfluss
die zeit hinunter

du bleibst
und du bleibst

15

<u>am ende des ganges die tür</u>
du stehst gegen die wand und wartest
auf wen? durch die tür musst du selbst
geh aufrichtig wende den blick nicht ab
deine schritte seien sicher und ruhig
hast du die tür erreicht öffne sie
dann endlich sage folgende worte: ich liebe dich
merkst du dass es keinen boden gibt?
und der gang nimmt kein ende

16

in liebesdingen
ist jede entscheidung falsch
es reißt dich fort es spült dich hin
wir können uns glücklich schätzen
da sind wir da bleiben wir
nicht
ewig spielt die brandung
dasselbe lied
mit den räumen die geträumt sind
mit den träumen die geräumt sind

17

liebe

keine frage da ist was
unsichtbar eingeklemmt strahlt es aus
und nimmt dich langsam ein
sehr geschickt geht es vor
ist es zu spät spürst du es
und gibst ihm einen namen
was tun? heroisch sein?
als sei nichts
als sei nichts als
nichts als …
und wie es war
und dass du dich so maßlos schämst
und so maßlos schämst du dich dass
es war und wie
als nichts …
als sei nichts als
nichts sei als
heroisch sein? was tun?
und gibst ihm einen namen
spürst du es ist es zu spät
es geht sehr geschickt vor
und nimmt dich langsam ein
eingeklemmt strahlt es aus unsichtbar
ist da was keine frage

18

gar kein gestern mehr

man könnte liebe mit ruhe verwechseln
und niemand regte sich
es regt sich auch sonst niemand
liebe ist was zum verwechseln
fertigbau mit energieausweis
kinder gehen bald zur schule

ich – und kompliziert
hast du mal gesagt kannst dich nicht erinnern
ist gar nicht so lange her
spielt auch keine rolle

jedenfalls wollte ich wissen warum
es nicht reicht und warum es hier so still ist
es ist hier so ausgestorben
mit liebe zu verwechseln

<u>unser haus ist nicht mehr</u>
dein zuhause aber doch aber doch
denke das nicht unser haus ist immer
dein zuhause die blüten des tulpenbaums
blühen nur für dich die blüten des tulpenbaums
fallen nur für dich

überlass den garten dem garten
hab ich getan wie schaut er jetzt aus
er hat über den garten einen garten gesetzt
gib zu wie prachtvoll er ist
ich gebe es gerne zu

was da alles unterwegs seine wege geht
die hummel reißt zu boden den kelch
ein käfer fliegt mit einem schwert
von hinten naht die farbe grün mit viel gebein
und dieses hier erschien mir nie
es ist nicht alles einerlei

und jeder vogel kündet von dir
jeder regen weiß von dir
die wogende krone
ich bin nicht ganz ich bin so
gänzlich einfallslos das licht

22

ist seltsam getrübt
jeder blick ein vergilbtes foto
die da von uns gehen hand in hand
sind du und ich
wir gehen gemeinsam
der blick kehrt nicht um

verhäng alle spiegel lass keinen blick
mich tun und lösche das feuer des auges

das kalte glühende feuer des auges
das leuchtende licht der laterne lösch aus

ja erinnern also hehre
deutung aber weißt du immer

wenn ich dich überwunden glaube
kommst du jäh zu mir zurück

wo wir wieder weiter werden
wo wir dann zusammen sind

ganz ausführlich und die zeit
wird licht und bloßes bisdahin

dein püppchen im auge tanzt kopfüber
dein püppchen bin ich dein zerschlagener spiegel

und die scherben enthalten das ganze
so genügt die scherbe ganz

willst du nicht einfach nur mal so
mensch ich mein es müsste doch mal

24

möglich sein dass du
aber nichts aber ohnmacht aber alpha

ohne dich alles ideal
mit dir nicht weniger umfassend

doch wenn ich nicht schwärme von dir bist du dann
nicht das höchste? komm wir machen das einmal

noch durch und flugs entlassen wir uns
berufen besprochen beschrien gebannt

willst du nicht einfach gegenwart sein
und nichts erwarten

deine roten schuhe
stehen immer in der ecke
warum ziehst du sie nicht mehr an?
der weiße winterschal liegt irgendwo
im schrank und dein irgendwo trägt
gar kein gestern mehr
der mantel trägt sich selbst
was heißt denn trauern um die toten
wenn sich heute schon alles verliert
was wir gestern waren dein blick
der gestern dich füllte steht heute dir fern
es müssen andere sein die da wohnen
und da wohnt auch niemand mehr
was jener heute heißt zieht dieser gestern um
alles ist äußerlich und das äußerliche ist so schön
wie deine roten schuhe
im schnee
gegenüber
im mantel
im schal
ich warte
ich warte
ich warte

der herbst bricht ein
kahler asten steht der baum so wir
muss immer nur abschied sein?
allein durch ihn lesen wir zeit
ist es soweit?
wir räumen auf
und tragen dunkles zeug
waren wir nicht schon hier
und hatten das inne?
mein mund kann dich auch
jetzt nicht
nehmen
wovon ich fühle weiß ich genau
und kann es doch nicht sagen

ob wir das
machen können fragst du
den zuckerlöffel einmal
ins kaffeelicht tauchen mit zucker
fragst du und spülen hernach
den zuckerlöffel den roten
und wieder hinein in die
zuckerdose ins zuckerglas den löffel
eigentlich nicht
sage ich
eigentlich nicht

ich sitze im november
und ziehe meine träume ab
ein welkes blatt
das nicht mehr fliegt
das ruhig in der mitte liegt

heute bin ich aufgeräumt
mit jedem laub kehrt sich
ein blatt zur dunkelheit

da sieht man klar
es war ganz wunderbar
das alte leben eben

ich bin jetzt zum falten da
ich fliege
wenn ich nicht liege

und wenn ich liege
habe ich dicht vor augen
was sonst ich beschwiege
zeigt sich hehr und licht

wie du ganz knospe aus der knospe schlüpfst
ganz edelauge veredelt mich dein blick
ich treibe treibenden sinnes zurück

grünes blatt du
weißes blatt ich
so füll mich an

kralle mich nelke mich
minne mich
wer sonst noch könnte soviel freude mir sein?
sei mein

bist du der hammer
lass mich dein nagel sein
in den november versenkt

30

<u>handy wie bombe</u>
nachricht wie tod
taste
weg

dein stein sei ich dein kern
und du begräbst mich
und ich blühe nicht

wie viele jahre so
so viel stammeln

kein text

nur fläche

vergilbter rausch

der quälende ort
da wir waren

ja johannes

schenk einmal nach
die zeiten stapeln sich
und durchblick wird nicht gewährt
das gedächtnis ist dick und kein foto
spendet trost

und farblos gesellt sich farbe in farbe „daß
alles dunkel bleibt" kommt hoffnung auf

3 2

wie der wind vor leerer stille
dein schweigen ehrt mich
im orkan bin ich dein obolus
und wachse unter deiner zunge

ich will nicht wieder hundert jahre warten

der abend überrascht
es ist alles liegen geblieben
so könnte es bleiben
so bleibt es
ist es dunkel denken wir
selten an licht
sind wir im elend
war nie glück
und ganz im schmerz
ist immer nur schmerz

im dämmer drängt alles zusammen
ein riss geht auf
und zeigt nur noch riss
nur noch dich

du wirst das nie mehr : eine andere

34

der ausgeborgte schlüssel

liebe eine wechselseitige dauer
therapierung?
bist du ein inkluse
unter lauter inklusen
die sich gegenseitig die sicht verstellen?
dass eines unsichtigen tages
jemand ganz wildfremdes
dir den rest an ausblick nimmt
und mit dem nachruf
was macht eigentlich
dich selber meint
und du bist der selber
wildfremd ganz jemand
formstabil kaltgestellt
eine konservierte trauermücke
ein stumm erstarrtes vollkerf
kein leben also allein
zur fortpflanzung sondern
als augenblick
und der augenblick verweilt an einer kette
was für ein imago –
du bewegst dich nicht und hörst
deine bewegung ist es denn so
still im all?
du bist so glossolall
so ganz für dich
von wechselseitiger dauer

37

alles ist flüchtig und alles flieht
und du bist nicht allein
alles stirbt und alles ich
dich zu lieben
ist deutlicher sinn
niemand gehört
und jede trauer
jede pein
wird nur stachel sein

wovon du nicht wegkommst
(ein kindheitsfoto)

musik im großen zimmer
nicht mitgesungen

das heilige holzparkett
so viele schrammen

gegen das licht
deine geschichte am boden

der abgehbare geruch
du nimmst die lücke ein

du bist die nicht ab
zu stellende platte

vor augen stumm
gewährst du mir den arm

du bist plauderndes wasser
aber mein durst ist versiegt

funkloch
das herz geht ruhig

eine zeit
schaltung

wir sind vollständig
ersetzt

40

kaum frühjahr
ist der krokus verblüht
was stellt er an das ganze jahr

soll auch ich einfach verschwinden?

jedes jahr dieses große hallo
als sei weiß gott was geschehen

dein gesicht das in den schatten wächst
wo du fehlst kann ich nicht sein

gesetzt also
etwas käme wieder jedes jahr
und man gewöhnte sich daran
was es käme nicht mehr

jeden morgen beobachte ich
den krokus
es ist herbst
schau mich an

41

<u>immer krisensitzung</u>
und nichts verfugt
es ist ja nichts ernstes
nur für den fall
also unwahrscheinlich –
keine musik?
meine hände riechen nach
hab sie mehrmals gewaschen
mehr als waschen geht halt nicht

aufräumen ist eine so stehen gebliebene sache

alleinsein ist auch nichts weiter
als realität

beginne mich für die tapeten zu interessieren
denke an das wort *rudimentär*

kannst du mich erlösen?
kannst du wohl auch nicht
dafür ist der erlöser ja da
kann kommen
tür ist offen

ich liebe dich
lass nicht ab von mir

weiß auch nicht
ich liebe dich

es gehe dir gut hört man
kaum zu glauben

die sonne scheint
kälter kann es nicht werden

du bist die
lotlose die unberührte
verschwindung die zerreibende
aufreißende verschwindenheit

du bist so fallweise

du bist so ganz
meinemit
so ganz
du bist so meine mitvergangen
du
so meine bist du
mitvergangen
also
meine mitvergangenheit

die sperrstunde
meines herzens bist du
der ausgeborgte schlüssel
meiner steckschlosssprache

du bist die
die da nicht ist
wenn ich dich denke

dein irgend verwischtes gesicht

du bist
eine falle
und ich falle
in dich

<u>der herbst deiner hände</u>
meiner
du greifst mich sterben
ist nicht einfach
eine flucht heißt das
gelebt? „wenn man an den tod
denkt?" heißt das zitiert? deine
so sagende so fassende
stimme altert nicht
der herbst deiner hände
mein herbst – ja lach
nur das lachen ist
lächerlich sterben ist
nicht einfach deine
stimme ist immer
ein versprechen

46

<u>das herz hallt</u> aufs kissen
wir hallen ihm nach
jetzt küssen?
ich werde dich vermissen

bist du erst fort
(du bist es immerdar)
liegt klaffend brach
wie unersättlich schön es war

ein ort
wo wir uns wissen
ist jenes wort
das immerfort

unser abschiedmüssen
weint ins kissen
dir nach ins traumgemach
ich werde dich vermissen

47

weißt du überhaupt was
das heißt sich nie mehr zu sehen
was für ein leben das ist des verzichts
ein leergeräumtes haus ganze orte verwaist
ein ganzes leben kein wiedersehen
macht blind und dich nicht mehr zu sehen
heißt mich in allem nur dich zu sehen
aber so bist du nicht
du bist bloß die falsche münze
das zergriffene konterfei
man kann dich drehen und wenden
es bleibt einerlei es ist immer da
es ist nie ganz es ist ganz flach
es prägt sich ein es hat ganz deutlich gestalt
aber so bist du nicht
du bist bloß die andere seite die immergleiche
der geborgte blick das niemandsland
was ich auch sehe du bist mein vorhang aus gesicht
kein sich nie mehr sehen kann höhere strafe sein

48

ein satz mit zukunft

<u>dich zu lieben – und ich lebe nicht mehr?</u>
ich habe gelesen
das wort werde falsch aufgespannt
es sei nicht alles – nur immer mal wieder
es sei so gut wie abwasch – eine vorwelt-arbeit
und eine polierte küche allemal
mehr wert als ein gares essen
(wie schmutzig das doch ist in einer satten welt
in der alle satt sind nur die meisten nicht)

so könnte ich nicht leben
alles bewahren und das komplett
der schlaf ist ein container voller unordnung
er nimmt nur auf und gibt nicht ab
das imaginäre ist ganz unersättlich
dein schlaf weidet dich aus
bis du selbst der container bist

die liebe? ein viel zu kleiner schirm
der nur bei sonne taugt
sonne gestirn – da war mal was
als regenmacher gehe ich schlecht behütet
wo ich bin ist der schatten
ein permanenter tatbestand

51

ausgerissen

es küsst der mund ganz gut
das sollte genug sein
spricht er
hat er nichts zu sagen

ruf nicht mehr an
lass gut sein
ich behalte dich
ganz frisch im mund

was liebe?

du weißt doch
wie es ist

warum fehlt es dir dann?

auch so

kommt wie alles
der abschied erst zum schluss

52

der gepflegte himmel
man wünscht ihn unberührt
sommer heißt aufgeräumtes blau

hineinsehen in eine
landschaft ohne ton

fremdsprache schweigen
seit tagen niemand

endlich gegenwart
und nichts ist da als

ein handschuh für später

diese blumen meinst du
gehen nicht auf sie sind
und geben nichts preis
im tod tritt alles zutage
was im verborgenen war
für einen moment

dann beginnt das offenbare
das scheuen
so behält sich ganz vage
ganz offen latent
was niemand mehr weiß
und morgen würdest du alles bereuen

soweit sind wir sicher in uns
dass kein entkommen ist
will noch jemand herein?
noch jemand hinaus?
ich selber bin's ich will herein hinaus
so stehen wir eingeschlossene uns
gegenüber in festung und hungern uns aus
wie im gesicht schon der greis erscheint
in den wangen wächst die weiße grube
wegzehrung ins anderswo
und luftig überwindet liebe die festung
in munteren sprüngen
mein wildesel ist das wort
das ordentliche katapult
so geht es von festung zu festung
da bin ich – dein belagerungspionier
vor kalter mauer
du bist erlesen schon
im bilde zu sein
der leichen entsendenden schleuder
präzise und groß
vielleicht vielleicht noch eh
der hebelarm losgeht der blide
die ich beben seh –
zwischen ausfall und entsatz
steht noch ganz die festung
sie wird zerstieben wie gegenwart

dieser uns einzig greifbaren vergangenheit
willst du mich wirklich
erobern musst du mich hassen
bloß zu lieben schickt sich nicht

was soll ICH denn sagen?
ein satz mit zukunft?
ein satz jedenfalls
der jahre voraus ist
und du lebst
und du lebst
und du lebst vor dich hin
du beobachtest dich
und der satz beobachtet dich auch

<u>der tod hat keinen leib</u>
er hat deinen
und dein leib wird zerfallen
kein bild hat der tod
er hat deins
und zerstört wird dein bildnis werden
und keinen namen hat der tod
er hat deinen
und dein name wird ausgelöscht sein
der tod hat keinen mund
er hat deinen
und kommt doch ohne ihn
ohne ihn aus

nichts bleibt der tod und nichts wird sein
das ist nicht traurig das ist
eine verstockte knospe
sie öffnet sich nicht sie schließt sich nicht
sie bleibt in sich
selbst verhohlen
was sie verbirgt kann sie nicht
vergessen machen
keine blüte fällt
kein hängender kopf

hast du gehört? siehst du das
ein? verstehen wäre zuviel der gnade

58

<u>der annaapfel</u>
ist sehr fein beduftet
mild und zart und still
steht er im sonnenlicht

dicht vor der schale
schwebt sein geruch
nie kommst du ganz heran

flach zugewölbt stielwärts
kelchwärts mehr zugespitzt
liegt er in der hand wie deine

hängen die früchte zur sonne
geht ihre strohweiße haut in blasse rosen

so viele farben
so leuchtest du hervor

knospig und weich und leicht
berostet die flache senke

doch wenn es soweit ist
zikadierst auch du
scheinst glasig durch
und mündigst ganz
alleine auf dem baum

ein biss bevor du fällst
es gilt was galt:
schnelle reife rascher verzehr

ganz am anfang
der gartenmauer stand der annaapfel
er trieb immer vorzeitig aus

ich erinnere mich an nichts
so sehr an deinen blick
vom boden weg hebst du den kopf
und schaust mich treffend an
dass alles *später* nur enttäuschung ist
– und später enttäuschst du mich –

wenn ich dich sehe jetzt:
ich sehe nur den blick
der mich durchschaute
und der mich immer? liebt

(hast du ja nicht gesagt
und wer könnte dir glauben?)

lass ab lass ab von uns lass ab
der ersten begeisterung wird kein leben gerecht
und wollust ist nur erinnerung der stets nur wollust folgt
lass ab dein blick scheint schön genug in ihm selbst

was sollst du mir?
etwa nie verloren gehen?
und alle zeit steht still?
bist du nicht ganz dein blick
so nimm ihn endlich weg

du bist mein papierverlies
mein greif mein griffel
den ich nicht begreifen kann

und doch bist du nicht sicher

du bist ganz unfinal
so alibi und ganz und gar
du bist das reinste intransitiv

das je in mir geredet hat
dich zu verlieren kann ich nur träumen

62

„anschauen ein ausland":
sich selbst
erreicht man nicht
durch nachdenken
sich selbst erreicht man
nicht so einfach außer
halb sich sich selbst
sitzt ganz schön
tief wo ein erreichen
gar nicht so einfach ist
so tief sichselbst ist kein
da drüben es ist über
haupt kein hierher nun sag schon
der da stromert das bin doch nicht ich
ganz anders hab ich mich
in erinnerung es muss
da mal aufgeräumt werden
und durch das ganze
geht ein strich

was fehlt

unsere liebe wie immer ein torso
und keine sprache spricht sie ganz
aber sprechen tut seinen sinn
ich spreche allein wenn ich einsam bin

und sage mir die dinge auf
ich sag sie einzeln ein jedes kommt vor
nur du das unding kommst nicht vor
du bist in den spiegel gegangen

ich kann dich doch nicht gehen lassen
du mein zweites gesicht das mich
so doppelt verzaubert hat
ich kann dich doch nicht gehen lassen

was wir als wiederholung wähnten
ist bloß dass wir uns gar nicht kannten
ein geheimnis noch zu haben
– sich selbst – ist das denn traurig?

verkorkst ist die liebe die wir pflegen
dein ausdruck wie nachtschatten stumpf deine griffige
münze und täglich wechselt
die währung was wir liebe nannten

hat nirgendwo und nie bestand
jetzt sind wir wieder aufs offene feuer
gestellt
doch da ist keine stelle die dich
nicht liebt du musst die liebe ändern

wie oft wie oft wie oft
hast du mich über bord
und hast mich über

und dennoch dennoch und dennoch wir
du bezauberst mich kannst auch extrem
sanft sein lässt mich
hängen und ich koste das aus verlass dich
drauf ich koste das ich schmecke
dir nach wohin ich suche dich und rufe dich

„damit dies alles doch ein ende nehme"
es nimmt keins es nimmt überhaupt kein ende

und jeder moment ist
rückblick schon
ein bündel hängender rosen

„ich hätte lieber eine rose als das ewige leben"?
ich nicht – auch wenn die blüte ihren lebenstag nicht studiert
und der schmetterling nicht böse ist auf eine bloße
    stunde seele

das ewige leben um bei dir zu sein
zu wissen dies alles nimmt ein ende
es wirklich zu wissen
und bei dir zu sein
wie oft wie oft wie oft

nein geht gut
dieses und jenes
ach kennst du ja
nichts besonderes
hänge schon am leben
ich meine ich liebe das leben
ja habe ich gehört
da ist jetzt ein anderer
immer noch vor ort
bin nicht mit absicht nicht drangegangen
ich meine da steht ein anderer jetzt drin
na klar vorsorge läuft
schon manchmal traurig
auch ausgezogen
fassade neu gestrichen
die rabatten verwaist

ich bleibe noch ein weilchen so
habe alle ausblicke im kopf
denke auch oft an gute tage und gern
nun gut stimmung wechselt
ständig
ich bin so eine unfundierte projektion
wie wir alle
zumutung ja sicher
und völlig erleichterungslos
ich halte fest am ideal

gepflegte sache
und zwar aus prinzip
nächstes jahr eine ausnahme
vielleicht

um ehrlich zu sein
vorübergehend
ein wenig sorglos
aber immer mit einem auge
noch dran an der vergangenheit
höre dann tief in mich hinein
das ohr am boden des schachts
der schacht nun immer länger
im grunde
nur wasser
das mich verzeichnet

vom rand her
erkenne ich
schaue ich
auf mich
herab

was heißt hier stammeln?

71

so schön überfällst du mich
du angereiste hergedrehte melancholie
ich sah dich schon im blätterton der bäume
im schalen blatt das insichkrumm
das durch die mitte sich entzieht
in dämmer und tau bist du mir kaum entgangen
der gesang im revier bleibt aus
diesen morgen begleite ich mich
allein
windstill
was gestern hitzig kocht ist heute unterkühlte schmelze
die fähre verkündet ihre letzte fahrt
einmal noch hinüber und mit terpenem geruch
        die stimme färben
die ach vergilbte verheißung den ganzen blick dir tönt
dieser so fehlgedeutete geruch – auch du eine leicht
        flüchtige note
doch die verluste wiegen zu schwer dieses jahr
ich sah dich auch in der zu boden getaumelten tasse
deren dürrer henkel brach die tasse
ist ganz becher unlesbar nun
das wort das über den henkel lief
sein rest auf dem staubigen parkett: lo
ein jetzt antiker porzellanpartikel
die schritte verhallen
klingt nicht dein name nach?
er ist der weisheit klarster klang
„dich nicht vergessen" keinesfalls

<u>liebe(r selbst)</u>
der andere schauplatz
wo die echte rede ist
wir rücken nur an
der fehlstellung der dinge

und die fruchtbringende
tyrannei der selbsterkenntnis
herr knecht
den anderen besetzen und mit ihm tauschen
anwesend – abwesend

aussöhnen
sperre überwinden
unendliches begehren
unendliches begehen
dem nur der tod eine grenze setzt
aber welche?

<u>das</u>
was fehlt
fehlt ganz
und ist
ohne ausdruck

ganz

du

stellst das
fest
ganz selbst
ganz selbst
ganz selbstlos
stellst Du
das fest

aber das
was fehlt
fehlt ohne uns

was bitteschön
wenn ein grundirrtum in allem
tun uns begleitet und wir
bei allem was wir tun
uns fragen müssen ob nicht
ein grundirrtum unser aller tun begleitet
was soll das denn sein ein grundirrtum
und wo bloß hat er seinen sitz
wenn alles falsch ist wie du sagst
ist alles soweit wieder richtig
und außerdem betrifft das die liebe nicht
die wird ja immer leicht unterspült
nein die liebe betrifft das nicht
sie steht nicht auf festem grund
sie ist nicht auf pfählen gebaut
sie ist wie eh und je
eine schwimmende insel
und wir nicht an land nicht auf see
ein gewisser zweifel bleibt
im grunde
aber unserer liebe nicht

75

<u>ich habe dich also verloren</u>
wo aber bist du hin?
kann ich nun nicht mehr mit dir
zu den grauen reihern am teich
und den wechsel der jahreszeit mache ich mit mir selber aus?
die vielbeschworene landschaft nur noch ausgeblüht?
kein banges warten mehr auf den einfahrenden zug
keinen blick mehr aufs telefon
die wunderliche maschine die gedanken überträgt
zu wissen du hast mir geschrieben an mich gedacht
und jeder buchstabe riecht nach dir
und kein trost mehr dich zu sehen
der vorantreibt und wunderliche bilder löscht

ausnehmend leergestellt und frei alles zu tun
jetzt wäre ich gern das stoppelfeld und abgemäht
dann wüsste ich was kommt

du tonlose
ritzt genug an mir
bin selber eis und muss nicht tauchen

ich höre genau
aber keine sekunde die sirrt

nur text sagst du
liebe nur text

das diskurslämpchen ist erloschen
es bleibt jetzt nur das reine
erleben das dich vor den worten fasst
leicht sprachlos
konkret – aber

rein wie diamant
hart wie härts
und deines ist härter noch als hart

was zählt schon
das erleben
gegen
die erleuchtung
einer alten funzel

und einer prise barock

<u>cupidu</u>

du alte trotze
du willst so gar
nicht einzel
fleischlich sein

doch

dass *du* es bist
die „du" nicht nur heißt

wie keine andere ...

ist das denn nur
der alte tonfallschwindel?
wie er durch alle gärten weht?
die blume hier – der blütenstaub

noch
bist du
– der lieblingsort –
die namenlose

dir falle ich
zu

der reiterin
reitest du stets über dir selbst

und schätzt das untere groß
zügig gering

cupidu
schrittärger du

du machst
die lust
zur wehefahrt

wir sind noch gar nicht ich
und doch bist du
„eins und alles zugleich"

laufend bestellen wir neuland

unter deinem blick

liebe?
ein zuviel
gesungenes lied
ein gestorbenes möbel
windfang des realen
deine silberne truhe
mit den briefen
den gebrochenen siegeln
dem gebrochenen schloss

da bist im kleineren
du der im kleinen ist
dir ganz und gar selbst
ähnlich der du im kleineren bist:
der unauflösbare rest
das ganz reale

du bist also aufgehoben

ich bin dein eingeschriebener text
und du sagst mich auf
und du veranderst mich

du schüttest mich aus ver
wackelst mich
verweigerst mich

ich bin wie du sagst

du reißt mich auf
und auseinander
und überfliegst mich

da kommt wenig
noch vor

ich bin andrang
der sich entwickelt
unter deinem blick
und verfliegt

ich bin staub und stempel
aber du bestäubst mich nicht

ich bin deine kennung
die vorkommene schrift
aber du liest mich nicht mehr

84

wie fragil das alles ist
kein monument bleibt makellos
kein erinnern sinn
du häufst das an und wirst vergesslich
vergisst
wie schnell das alles schwindet
und du es dann vergisst
könig alltag erbärmlich
eine handreichung sein ganzer stolz
aber der stolz bricht dich auf
wie leute die nichts haben
die nicht mal speichel haben
zum fenster nur ein sturz

ganz unten macht eine katze dir platz
sie hat sich dann doch entschlossen
der fährte nachzugeben die ihr auch jetzt noch
nichts wert erscheint ein kluges tier

die hohe bruchlast der trosse spricht für die trosse
und risse doch die decke ein
darüber alles leer kein sternenzelt kein herr im himmel

aber roh singt die drossel
die den boden bewohnt
und fliegt in die luft
hat es dich nie gewundert dass nicht alle

vögel am wind zerschellen?
der wind taucht auf taucht ab
er legt sich er setzt sich
er nimmt uns alle mit
ach komm ach komm doch wilder wind
wir wollen mit dir wachsen
auch du willst nur spielen mein kind
mein himmlisches himmlisches himmlisches
verlasse lasse verlasse mich nicht

<u>sei verrückt</u>
sei verrückt nach mir
und weine nicht
dass es unmöglich ist

entbehrungsohnmachtglück
viel zu lange zeit
und nichts

es zeichnet uns aus
nicht klug zu werden und
nichts zu lernen – außer der liebe
nichts

was dir heute fehlt
erkennt dich morgen nicht
der hund

der am poller kläfft
frei gebunden
du bist so hart

ist das etwa nicht schön
geliebt zu haben?
und gehen wir weniger aufrecht
wenn nur der hund noch bleibt?

87

sei verrückt
sei verrückt nach mir
und weine nicht
wenn nur der hund noch bleibt

88

<u>nichts haltbares im sinn</u>
traurig und fessellos

will niemand sagen werde baum?
dann möchte ich auch fäller sein und blanke säge

will niemand sagen werde sonne?
dann schiene ich mir ins angesicht

denn siehe ich brenne und du bist mein angesicht
du kommst gerade dorthin wo die frage dich braucht

du bist mein flutthema
reißt mich fort bald versinkt auch die hand

ein senkrecht treibender ast
der griffel *ich* die schwelle

wohin du mich losreißt ist sie schon da
will niemand sagen werde übergangslos?

flieg heran mein greif kritzel tiefer
dort wo das graben beginnt

dort unten im firmament bin ich
angeheftet in süßer ruh

will ein wörtlein ich lallen
geht das rad nicht mehr

niemals einsam gewesen
allein ringsum eins zwei drei
und schöne musik erfüllt
den zweck einer tüte traurigkeit
kommst du mit?
ich bin verknappt
gemischt aus angst und mondenschein
und keine schulter die nicht weint eins zwei
wenn wir erst mal schön
unterwegs sind groß und breit
zu unserer liebe zwei
wortlos zuschauen wie alles
einsam gewesen niemals
aber einsam gewesen niemals

90

keinen durst kannst du stillen
und ich dürste nur nach dir
kein durst ist dir gering in jeder pfütze jedem meer
der spiegel gleich
und auch das bild das gleich verschwimmt
ich sehe dich in allem was da ist
und bin untröstlich reich
wenn das was ist mir alle bilder nimmt
denn da ist kein durst der du nicht bist

ich tauche die kehle in den tauben schacht
und schnappe stumm und leer
und leer ist meine liebe wie nur das wort
für einen gänzlich anderen ort
wer fragte dort
„was bist du schnödes nichts das man die welt benennt?"
von falscher liebe trunken
war ich nie wirklich
immer nur angebrochen ab
gebrochen immer nur ein keiner niemand

beeil dich und bleibe
spinn mich ins freie
ins gebundene
ins unumwundene

du bist mein akatonomaston
mein effekt mein durstiger durst
sprache der sprache
wunder gewinn
denn da ist kein durst der du nicht bist

<u>in den höchsten tönen</u>
will unsere liebe gesungen sein
und in den höchsten tönen singen wir
die tiefsten mit
und singen in den tiefsten die höchsten
so findet sich alles ein
und wird nie mehr alleine sein
geh nicht hin wenn da jemand steht
da steht der tod und trägt die tasse
daraus du am liebsten getrunken hast
: das geht noch an
doch eines tages ist der tod die tasse
die mit dir einfach nur zur neige geht
am liebsten – leben
du bist mein untersatz
bleib bei mir wenn ich hingeh
geh nicht hin
von grund auf singe immer mit

<u>du drohst</u> hast aber
so gar keine verzweiflung
denn das ist klar deine verzweiflung
könnte sich mit meiner verzweiflung
gar nicht messen es gibt für meine verzweiflung gar
keinen vergleich und nichts anderes gibt es
es reicht die imagination nicht aus so hohl
ist meine verzweiflung dass alles darin
platz hat eine kaverne ist sie
und keinen bestirnten himmel kennt sie
aber du unbenannte drohne schwirrst um mich
es hat eine allein unsterbliche
idee der natur dich vor die tür gesetzt

dieses ganze unaus
gesetzte beobachten
es ist wohin du siehst nur leichensinn
im werden „natürlich" „nichtnatürlich" „ungeklärt"
du weißt jetzt wo ich bin
und findest keinen eingang

84

bist du nicht da?
bist du denn nirgends da?
kommst du gar nicht mehr?
was soll ich mit den blumen dann?
so hast immer du gerochen
ich lasse sie im papier
dass sie blühen wäre doch nicht schön

dich noch im raum zu halten
schließe ich alle fenster dein atem
ist keine verbrauchte luft
und niemand mehr wird
diesen stuhl berühren

und wie der wind sich fing
in dieser immergleichen ecke

gebremste luft gedrehte zeit

und weit und breit
kein staub mehr
den es immer in das zimmer zog

du bist
in der schlange deiner kette
die worte
die rückwärts gehen

und noch etwas
im kästchen
der jahrzehnte
totem und ringende klage

wie die dinge stehen
dann nur durch dich

im spiegel weiß ich dich noch
ich habe ihn verhängt
damit du bleibst
den schattenbehälter kümmert das nicht

96

was ist denn jetzt los

<u>die liebe ist</u>
nicht ausführlich genug
wäre sie bloß ein stuhl
unter stühlen ein tisch
unter tischen ein boden
ich nähme bescheiden
platz und bewunderte ihre schönheit
so aber ist sie bloß
geschäftigkeit vor leeren rängen
nimmt sie denn an sich selber platz und alle
    plätze sind frei?
wo bist denn ausschließlich du?
du bist doch mein imago
mein refektorium
in das nur die enthaltsamen
zutritt haben
am kreuzgang der labung
enthalte ich dich
wo bist denn du?
die liebe ist nicht
ausführlich genug ist sie das imaginäre
nicht auszumalen
nicht auszusprechen
und greift doch in unser leben ein
liebe – ein schieres wort
und sein kleiner bruder: retroaktiv
das eine versäumnis
holst du immer nach

alles aus dem ruder und geht nicht mehr
und so ein zeug kann nicht will nicht darf nicht
deshalb nie mehr und kein ton
du hast gedankt für diese klaren worte
diesen eindringlingen silberlingen klinglingen
denen ich mir selber zuhörte
und nicht über den weg traute
was ist denn jetzt los dachte ich
und ruderte zurück
da war der fluss halt weg

<u>unser gebuchter mund</u> kann nicht lesen
er hört nicht zu er schreckt nicht ab

was du am abend sagst
kehrt am morgen um

süß und bitter

soll ich losgehen und barfuß bei dir landen?

heiße ich rainer? – und doch
ist das der weg

du weißt
es berichten nicht die entlassenen
und du entlässt mich nicht

dein name eine scherbe
ganz einsicht

ich kann deiner nicht wirklich entraten
ein schritt nur

ein mildes bild

nicht eben
viel

doch unrecht hat
wer müde an der
klippe steht

in die ungültigkeit

ständig

in einem zustand sein
in einem anderen zustand sein wollen
im anderen zustand sein
zurück wollen
zurück
in einem anderen zustand sein
in einem anderen zustand sein wollen
in einem ausweglosen zustand
ausweglos unzuständig
für den ausweg zuständig sein
in einem zustand

dir zu schreiben habe ich angst
du antwortest nicht du deutest es falsch
der ich doch bloß
der anhang des schreibens bin

wie machen es die engel? haben sie wirklich alle müde
    münde?
ich ließ meinen engel lange schon los
nicht er ist gefallen
bist du etwa die höchste göttin und ich dein nie
    geschlachtetes vieh?
bist du umgekehrt und streichglatt wie kunstbutter?

die erfüllung ist fade sie entlässt uns aufgebracht

es ist aber immer jetzt

zum einen die wartezeit der erwartung der wartezeit
ein genussmittel: wollust der auflösung
zum anderen läse ich gern ein sterbenswort

denn
wer nie sein handy mit tränen aß
wer nie das display durchweinte
wer nur die abgebrauchte sehnsucht kennt
weiß nicht was ich dulde

du meine veranderung
mein benutzer

du meine black box
mein sprengstoff
mein geheimprinzip
du meine abschiedsfigur
es führt die versuchung uns in versuchung
ich bin nur meine hagere grenze

ich liebe die vorstellung dich zu lieben
wir sind nicht einig

105

nun wissen wir dass wir zusammen sind
wie schön wie schön wie schön das ist
jetzt wird unser leben schön
wir werden nicht mehr traurig sein
uns erfreuen auch die kleinen dinge
der blick der nie geringes fängt
und lässt
du sitzt wieder da
und schaust hinaus
die linde steht ungefällt
sie ist so verlässlich
hier hält niemand mehr
gericht die zackigen kürzel der rinde
ergeben kein liebes wort
und die rauschenden zweige
zwinkern mir nicht zu
: „hier findest du ruh"
nur mich
den altrigen brunnen
den du mit träumen füllst

106

liebe frau

bin ich wankelbarer als das meer?
bin ich das meer?
wer hat mich schwimmen gelehrt?

bin ich sichtbar gemachter wind
und zügellos und die luft geht durch mich?
was macht mich dann so atemtrübe?

bin ich denn finsteres feuer
durch das es mich rückwärts ruft
und ich brenne nicht?

bin ich etwa erde
und stehe fest und werde
was ich bin?

es wird behauptet vom urknall
sei ein rauschen noch da
und riesige
antennen fingen es ein

ich höre es auch

die routine der liebe
die ruine des leibes
der gang der rede
zum trauerzug:
wir sind die
die nicht mehr sind

du blitz der in die wolke fuhr
du unfassbares scheinen
war ich deine wolke?
und zeigtest durch mich hindurch
du wege auf die nur möglich sind?
du kopula du gleichzeitiges ist-ist-nicht
und sind das nicht freudentränen
auf der scheibe auf dem fenster?

unsere liebe beschlagen
unser antlitz tapete verkehrt
blitze kommen wieder
wolken bilden sich

und dieses rauschen
dieses geringe beruhigende einerlei
ach wir tönen und schalten
uns vom urknall ab und zu

<u>der tod</u>
ist kein beschluss
er ist
ein rohling
der nicht ausbleibt
er ist
ein rohling
den du beschreibst
ein rohling
für zukünftige verwendung
er ist viel
mehr
er ist ein rohling
den du nicht mehr lesen wirst

110

abschied nehmen

eine tasse tee
der tee zu heiß gesüßt
in die tasse gehenkter körper
ich erwarte erlösung
von dir
ist das gerecht?
der abschied ist eine kugel
die immer unterwegs ist

wir sind das jeden tag

keine liebe

immer nur ausgewichen
immer nur immernur
immer keinen schritt
immerzu immer zu
immer kein
immerzu unbezwingbar fehl
immer nur schwellen die schwellen
immer hin
immer schon etwas
immer kein fern
immer etwa
immer etwas anderes
immer besetzt
immer befreit
immer frei
immer nur kein immer

wir sind zwei teller
und was drauf
wir sind auch ein schluck
aus der tasse und das münden
des schlucks wir sind das jeden tag
das licht das zu hell ist das schwindende
tageslicht das zwiegespräch
das saubermachen und auch das verschütten
wir sind die ordnenden hände die verbinden
und trennen die auf den tisch stellen
die auffüllen und wegräumen
wir sind der schluck der zähe bissen
das messer und die gabel
wir sind der schön gedeckte tisch
und die tasse die zu bruch geht
wir sind der kleber und das schwebende gefühl
    dass der kleber ver
sagt wir sind die leere dose und kein geld
in der kasse und auch das sprudelnde wasser und der
    singende kessel
der zucker das salz und der duft
der nicht zu benennen ist
und manchmal sind wir nur wir selbst
leicht erschrocken dass es nicht mehr ist
und von zeit zu zeit hat unser gesicht kein gesicht
    es ist dann so

edel unbeschrieben und manchmal sitzen wir
    einfach nur da
und schauen die dinge an
bis sie andere namen haben
wie schön aber dass wir es sind wie
unerlässlich schön

an niemand

dein schweigen ist kolossal
es ist ein mörser und zermörsert mich
keine antwort ist nicht auch eine antwort
keine antwort ist der freie fall

dein schweigen – so viele stimmen
die ohrenbetäubend sind
dein schweigen macht dich ganz an
wesend passierst nur du
denn da ist keine stelle
die dich nicht hört

dein schweigen fegt mich hinaus
ich b
    leib
        e
wie spinnennetz zerstört

deinen körper entsinne ich
wie all die erinnerten dinge
bist du irgendwo
dass du noch bist genügt

dein schweigen setzt da an wo ich
keine irrfahrt mehr weiß dir zu entkommen
es ist schrecklicher noch als der gesang
der lippen die mich umfangen

es ist jetzt alles wie alles
wohin ich mich auch wende ist meuterei
hörte ich nicht auf
das schweigen und flehte immerzu
dass die dinge nun endlich schweigen
damit ich dein schweigen höre

die zwischenzeit die geöffneten stunden
da man träumen darf
und sich verschwendet
gerinnt ins uferlose

eine wiese ein aufgeräumter platz
wir gönnten uns den bodenblick des himmels
strahlende vergangenheit
die schwärmenden bienen das ausbleiben der
    schwärmenden bienen
räume betreten räume verblassen
ein jedes tier hat seine beschäftigung
einem jeden gehört alles ganz

und ganz verheert mich dein schweigen
es rast ist frech auch und schart sich um mich
dein schweigen ist ein schwert eine donnernde kartaun
es zieht mich raus und stößt mich auf

ich stehe in glut bin kopfunter
ich lieg in graus und bin zerhaun
unsere unschuld ist verbraucht und wohin auch
    unser auge fällt
ist hitze argwohn niedertracht

doch schweig ich noch von dem was schlimmer als
    dein schweigen ist
was grimmer als dein schweigen ist
dass auch die innere stimme so abhanden kam

120

sortenmerkmale

triebspitze offen
gelblich grün
stark weißlich behaart
mit leicht rötlichem anflug
blatt mittelgroß
rundlich
fünflappig
wenig gebuchtet
stumpf gezähnt

austrieb mittelspät bis spät
wuchs kräftig
ertrag mittel

121

<u>mein tausendschönes subjektil</u>
du untergrund den ich ersinne
und nichts entspricht dir
nichts ist dir wirklich eigen

auch willst du keine farbe tragen
alles läuft grundlos ab
du bist so eigensinnig
und ich entsinne dich

ach ich spinne
ich versprach mir viel von dir
aber das versprechen ist gerade
so schlimm wie ein vergleich
und du bist wie ganz ohne vergleich

meine nachtseite bist du
gesagt ist gesagt und nicht zurück
nehmbar all die schwüre
wie schnüre verwickelt

so ganz an sich ran
lassen geht gar nicht so ganz
wohin soll das sein?
so treten wir schön aus uns heraus

wie mich in dir finden?
du bist nicht rau genug zu unversehrt

in den tod eingehen
sich wiederfinden dort
ganz eingeschrieben ins große archiv
ein triumph so lange wie das leben

gibt es denn diese unmögliche schrift
die von der leere und der fülle
selbstlos spricht?
flieg knochenmark flieg
kleiner schmetterling und schreibe
in die luft

eine fliege
die du gelassen nicht verschmähst
ein ferner tönendes

rinnsal

123

ich bin trunken
von klarem wasser
und das wasser macht mich trunken
wie dein klares wort

und dein wort
macht mich rasen und ich rase
auf der stelle gegen mich

ich bin nur ein bisschen
und es wird dir ein leichtes
mich ganz zu schlucken
so dicht hänge ich neben dir

ich dörre ich falte ich fetze
ich versenge nach dir

und du quälst mich
du weißt es besser

ich bin trunken
und du hältst mich hin
und du hältst mich

ich bin es
dein freunnd happen

der nichts verrät

124

protokoll

geht liebe nur in erfüllung wenn man sich nicht sieht?
eine frage der lange nachgehangen
bis die tränen kommen
bis das lachen kommt

nichts ereignet sich und nichts tritt ein
das warten ist nun schon zu lange das einzig vertraute
ich sehe dich nicht
ich ahne dich kaum
bist du unterwegs?

liebe das ist ja blindes einverstehen
luftleerer raum und unpersönlich
ein offener park für jedermann und jedefrau
und gerecht und der ausgang ist offen

das lustwandeln
die pfützen im park
der bodenblick
und doch so viele die sich tümmeln

folgte ich mir folgte ich dir
beiderseits entmündigt

liebe
ein trockengelegtes neubaugebiet

aber das lachen kommt nicht

<u>ich war nie</u>
an einem ort
hingestellt wie
ein möbel möchte
ich sein von mir selber
hingestellt
an einem ort
den ich nicht den ich
nie verlassen kann
und ich bin froh
ich bin der ort
der mich nie der
mich nie verlässt

bist du der selbst
auslöser verklemmt
eine leere registratur
die nichts behält
und wohin du schaust
hängen die namen der dinge?
denn nur was benennbar ist erkennbar
auch wenn das ding da gar nicht ist
der name ein monstrum
: gib mir ein monströses zeichen
und es wird wahr

auch mir täte das
gut etwas schönes zu sehen
ein horizontbewachsenes feld
im lodernden rot der sonne
ein wankendes wogendes mit dem blick
gehendes feld
mit blumen bestellt
das brennt
und ich als scheuche
aber *wie* das sehen
ein blick als souvenir
und du glaubst dir nicht
denn es ist nicht alles anders
als du es dir denkst als ich es mir denke
es ist genau nur so
also lass uns mal innehalten

und für einen kurzen moment so tun
als sähen wir das alles zum ersten mal
den unterschied
das feld
und seine flüchtigen gestalten

dein geist dein geistreicher
geist der auch von geistern weiß
der mich so zu begestern weiß
die gesten die seltsam schmutzig
greifenden hände und der mund
kommt ihnen nicht nach
der sonst so wüste mund
der immer nur von dingen weiß
die habergeiß trägt das geschnittene
getreide von einem feld zum anderen
und es verliert seinen namen
tritt barfuß nicht in ihre spur
ahme ihren ruf nicht nach
du wirst zerrissen

das webschiffchen geht
bald nach links bald nach rechts
die abgebrochenen beine des webers gehen
noch einige zeit hin und her
das blüht auch uns
den rahmenlosen die ohne aussicht sind
aufs feld
und jeden abend untergang

don't drink and dial

in der tat das telefon
stand nicht still ich wollte dir endlich
die wahrheit sagen
die wahrheit hat einfach aufgelegt

die wahrheit ist schwierig sie hat so viel mit worten
zu tun wie ein luftballon mit luft wenn die luft raus ist
vielleicht nicht ganz der treffende vergleich
ein bild halt kein bild? na gut dann eben kein bild

die vorhölle der wahrheit ist selbst schon ganz heiß
und dann die überkommenen vorstellungen die
man erst einmal kräftig beiseite räumen müsste – jedoch
wo kämen wir hin wenn wir dauernd jeden fussel
vom schwarzen hemd entfernten statt es zu tragen

na klar weiß ich warum mich das umbringt
wenn der andere mittendrin auflegt anstatt sich zu
    verabschieden:
mutter ging einfach aus dem zimmer …
aber doch nicht ein leben lang!

dieser zwang zu sprechen diese schwallende entladung
der abriss die klammer das loch ene mene
bist du verstehe

130

mich kannst du
mischkannzuauchmal
erzählstopp auf freiem gelände
ersetzt versäumt zerstreut
ok aber doch bitte nicht *wirklich* entzeit
hellwach plötzlich
wass sackste?
wohl verhört

warum der ganze spökes?
über das sprechen sprechen
und nichts zu sagen haben
und das auch noch zum gegenstand
einer mitteilung machen
und tage braucht es wieder aufzutauchen
und reiner tisch zu sein

das gespräch das wir waren
im windschiefen haus
verzerrt und tief

ein missverständnis gewiss aber wo
fängt es an? und wo hört es auf?
der eintritt in die sprache – mit jedem gespräch
macht sprachlos und wir werden den eindruck nicht los
das senkblei sprache ist unser gängelband
unsere tägliche laufhilfe ist sie unser falscher ärmel
das geschirr das uns überschaubar hält

131

zu lange am band geführt: nichts lächerlicheres gibt es:
    man sieht das band dir an
sind wir nicht bloß eine annahme eine impression?
können wir nicht schweben und was auch ist
wir sind befreit davon? bin ich nicht schon da wo
ich hin muss? ist es nicht wirklich egal?

ach gott nicht zu fassen
klartext verflixter und unter dem grund schimmert ein
    grund
alles so mal angerissen aber auf den pun
kt gebracht?

sprechen wir alles so deutlich aus?
und dieses heißt einsicht und jenes heißt … – schon
    vergessen?!
und hier ist die ursache und die wirkung ist dort?
wir wissen alles was wird und war
und können noch so viel reden wir bleiben stumm und
    starr

mitunter auch glückliche – na was denn? stunden?
da wird man gleich voll mitleid angestarrt
der unglückliche geht keinen meter ohne voranlaufendes
    verständnis
es mündet ja nie das unglück ins glück
es fließt auch nie das meer in den fluss

132

dass es aber mal so benannt wird das ist doch schon was
damit kann man doch leben

(auslassungen)

ein spalt bloß
klaffen
sparren

es ist so ungemein halbe-halbe

(auslassungen)

was nutzt dieses
wissen? das missverständnis
ist leicht entdeckt – aber begriffen?
immerhin haben wir eine erfahrung gemacht (reicher?
    senkbleie morgen? rufe hinab!)

wenn es so früh dunkelt gießt man sich früher ein
und zwischen vorurteil und phantasie – kein unterschied

aber doch aber doch

wer bist du überhaupt? fragst du? jetzt? nach alledem?
ich bin der ich-bin-da
also gut nicht ganz ich bin wer ist wie ich bin der ich-bin-da?
mein dornbusch ist abgebrannt ganz innerlich

besetzt ist die stolpernde stimme
alles besprochen berührt und behaucht
jedes gespräch ein nachruf
würdigung ein konjunktiv

das gespräch bricht ab wie eine klinge

das sind die dinge

singen? wen besingen, wen?

liebe
das sind die dinge
von denen man nur die hälfte
sagen kann von dem was sie sind

wir sind
bruch
vom natürlichen bruch
du kannst unmöglich aufrichtig sein

137

ich fühl mich so ausgedrückt
habe zwei ratgeber intus
aber ich bin anders
vielleicht nur der kaffee
ich belauere mich zähle mir vor komme kaum
nach es wird doch schon wohl nicht
es ist noch da das bollernde
herz schlägt halsauf
wummernder ofen inmitten einer entladenen säule
sind sie nervös? pulsmessung
und das ist durchaus echt
bedrohlich überhaupt nicht mitteilbar
das treibt den pflock in dich zurück
den entfleuchten „idiot"
und der kleine zweifel monstert sich:
liebe auf freundschaft zurücktrimmen?
im paradies sind noch äpfel frei
bist du der ritter auf den knien?
und vorgeschrieben sind dir der engel und das tier
und du dazwischen als kopierte existenz
– dann gehen die pferde los
nackter knochen
wo ist der code mit der eingebauten liebe?
und wo ist sie eingebaut
wo ist das alles nieder
geschrieben wie niedergeliebt
auf bildern in büchern ist es so schön so stilltot

was aber echt ist selig hat es keinen mund
was die augen sagen zeigt sich
schonverstanden aber ausgesprochen?
befreie uns liebe von den dialektikern
lege ein gutes synonym für mich ein

<u>habe die spülmaschine ausgeräumt</u>

das war keine große kunst

eine tasse ist zu bruch gegangen

die mit dem leuchtturm drauf

nein die mit den blumen

bin mir jetzt nicht sicher

vielleicht eine von denen in schlichtem

weiß das wasser rinnt durch

die klebung eins der messer

hat meine hand durchbohrt mit der spitze nach oben

im kasten wie jedes mal dann glitt mir

der topf aus der hand die schüssel aus glas

hat aber gerettet werden können ihre scherben

hätten die guten worte nicht berührt

ein teller wurde verschluckt von oma der

die ineinanderstehenden

gläser sind beim trennen zerbrochen

das große stand im kleinen

klarspüler vergessen bin jetzt unterwegs

werde nachdenken was das alles zu bedeuten hat

hat es doch nichts zu wenig zeit für alles 3 worte

<u>du bist es</u>
und kannst es nicht sein
und ich brenne nach dir
und ich verhehle mich
und wir schwören uns dauer
und wir täuschen uns
wir reden beteuern und schreiben
und ich brenne ab nach dir
es zählt gar nicht was war
es zählt nur was sein wird
und das wird nicht sein

schneller als natur
beendet die liebe
und das allein ist ihr grund

zuviel zuviel
passion der passion
keine wiederholung kennt sie
allein den grenzenlosen exzess

mäßigung
verhängnisvoll

keinen umweg bist du gegangen
nur immer geradezu
und gerade da ist sie nicht

143

aber den rücken ihr kehren mit den worten
noch nicht noch nicht noch nicht

das wort dringt tiefer in dich ein
als irgend ein beiwerk
rosendurft und weltvorfüßen
es treibt dich auf
ist unauffindbar
es trennt stärker als der körper zu trennen vermag
ist es gesagt ist es unwiderruflich getan

ich brenne
aber die liebe kühlt aus

so gerne würde ich dich wieder erkennen
so doch die weissagungen aufhören werden
sagte man weiß
und die sprachen aufhören werden
sagte man weiß
und das einander erkennen aufhören wird

aber die liebe höret nimmer
die liebe höret nimmer
die liebe höret immer

142

älter nichts werden

ich bin so unverfroren ohne dich im schatten
und ohne schatten erschiene ich dir jüngst
so tränenlos und aufrecht bin ich doch gebückt
: sprich den schatten nur aus
der um meine augen geht
hinter dem schatten ist schatten der deinen namen trägt

soll ich aufrichtig sein? nur dann bin ich unaufrichtig
wo soll ich anfangen alles zu sagen was ich alles zu sagen habe
und wann hörte ich auf
es hört doch das alles überhörende ohr nicht im geringsten
so eine liebe
meißelt man spontan in stein
dass die zeit darüber geht

denn braucht liebe nicht den verlust?

wir aber bloß
hohlform der luft
nebenabreden

wir werden älter nichts als wetter
wir wolken schwimmen wie wolken vergessen
ganz durchlässig
verlust des verlusts

143

wieder
holung
zerstört

144

das leben ändern? zerstören?
den ruhigen fluss in ein anderes bett
ist es nicht immer derselbe fluss
und nicht wir lassen uns treiben
es treibt nur der fluss
was spielt denn das bett
ist es der grund über den alles hinweg

geht und wir sind bloß
die füllstandsmesser

unsere sehnsucht nach dem mond?
: der fluss kennt keine gezeiten
biologie kommt und geht
und wir direkt dahinter

wo wir auch hingeraten
war schon der fluss

rein heute gehst und stehst
du oderwärts entscheidungslos
es muss ja jemand sein
zwischen ufer und mündung

es war nicht nutzlos
dass du den fluss beschworen hast
die richtung zu ändern

zerstören? das leben

145

<u>also</u> wann sehen wir uns wieder
dein vorschlag: nach dem tod
das machte eindruck
allein wir wissen nicht
ob da uns nicht auch die trennende
rede im weg steht und wir erneut
ganz „verloren in der sprache" sind
so wenigstens ging es mir
durch den kopf beim abschied
als ich noch etwas von gute idee murmelte
und der bus dich mitnahm
und mich ein überragendes gefühl
von niederschmetternder heiterkeit

146

eben war er noch ganz heiß
jetzt ist er nicht mehr so
heiß war er eben noch fast zu heiß
jetzt habe ich ihn zu lange aufgehalten
und er ist fast schon kalt
das kommt davon

wäre er aber nun nicht
kalt wie er geworden ist durch
zu langes aufhalten sondern heiß
noch wie frisch wie sag schon und bald
na ganz heiß komm schon
das kommt davon

dann wenn das alles so wäre
heiß wie sag schon na komm
den mund nicht mehr auf
das ist bloß ganz einfach
ein kalter ist kein na sag schon
das kommt davon

147

dass du entfernt bist ist

nicht der tod ist nicht das leben
das nicht einfach unendlich ist : es ist nicht weiter als
das herz das schlägt und
setzt aus
und setzt aus

dass du entfernt bist
und jede straße steht spalier
ich schleiche auf pfaden
am rand am damm
stehe still
bin schon gegangen

dass du entfernt
die liebe bist
und ich begreife das nicht
als wäre es etwas lästiges
eine fliege die immer wiederkommt
das meistverjagte

so leicht fertig das wort
das so leicht über die lippen geht
flatterhaft wie *prusten*

148

und wir sind seine ableger
dann seine absenker
dann seine ausläufer
dann selbstausläufer

ich wachse
nie im schatten
und bin doch im schatten ganz
fruchtlos reich

dass du ent
weder nicht
zugrunde liegst meiner

selbst dass du
nicht fern bist

und ich verblühe an dir

als ich dich das erste mal sah
sah ich dich gar nicht
ich sah eine andre
mit dir war ich längst bekannt
fühlte ich unterkühlte
aber was waren
das für schöne momente
des stillstands aller
orten und niemand hatte einen
reim darauf es schneite
und die augen in die weite
dann fiel die andre aus
nach hause
gehen nicht mit mir
und dann eben wir wie
haben wir uns da gegenüber gestanden
von wo auch immer wir standen
und da fanden wir eben dass
man daraus etwas machen muss
die andre war mir piepe schnurz
kurz ein köder
der öder aufstieß je länger
die sache mit dir ein hänger
du hättest da jemanden
der nicht ich bin und da bin ich
ja drin im nicht
doch bald war ich draußen

150

und vom außen gingen wir
zum äußersten dem eigenen namen
so fiel das erste weise wort
und du warst fort
fort warst du noch lange nicht
es ging es geht
nirgendhin
das erste mal für immer

da fängt das
schon wieder an

was ist das denn für eine art
nicht zu antworten eine kunst des liebens
wie viel entbehrung man sich antun kann
dabei sind es nur worte
ein paar handgriffe auch
bewegungen
meinetwegen ist auch die seele im spiel
interessant wozu der mensch in der lage ist
schade dass ich selber nur einer bin

in solchen momenten
würde ich gerne wissen
ob die worte in dir vielleicht nur klemmen
und man ihnen auf die sprünge helfen muss
hopp hopp ihr kleinen luder
nun mal raus mit euch

überhaupt ist die frage wann
etwas wirklich zu spät ist von gesteigertem interesse
wann also meine große nichtgeliebte liebe wann
ist es denn wirklich zu spät
ich rufe dich an ich frage aus ganzem herzen
wann ist es zu spät
und du antwortest nicht
und du meldest dich nicht
und du bist nicht da

in filmen wird das doch auch anders gelöst
dieses band diese verstrickung die nur dem stricke dient
ach komm lass mich nicht hängen noch ist es
gar nicht noch ist es nicht zu spät
ohne antwort blühe ich ab
ohne dich bin ich beschämend leer

überzeugt dich nicht? überzeugt mich auch nicht
habe übrigens festgestellt dass wir seit jahren immer
    dasselbe reden
und das einzige gar nicht so nur gibt es uns
was an sich noch keine erkenntnis ist
aber eine leistung

das fazit ist spröde: wenn es etwas gibt
auf das ich nicht verzichten möchte dann ist es mein
alleinsein

wozu also das gezeter?
es ist dieses verdorren dieses schwenden
das mich langsam aus mir rauszieht
es ist dieses auslichten
das mir die krone raubt
dein schweigen schält mich ab

156

das körperliche ich
frage mich immer was das ist
was die frau da in der hand hat
und so tut es schon weh
dieses rückfragen ich bin mir zu schade
für die antike und zukunft ist immer
so leblos
allein mit der gegenwart hapert's
da sind mann und frau ganz
real entzweit eine reine männer
gesellschaft wäre schon gut – allein
da fängt das schon wieder an
mit mann und frau ist nichts
zu machen körperlich auch sonst
tut es schon weh ich frage ja nur
ich bin ganzhalb unteilbar
vielleicht möchtest du mal
platz nehmen für immer
bei mir bleiben kann ich ja nicht

„und ich weiß wohl ich suche meine wunden"
und fliege immer gegens licht
doch da bist du nicht
und je später die stunde jäher der schein
so ist das wohl dass man auch taumelt
und stark beschließt das nicht mehr zu tun
nie mehr
doch es vergehen nur sekunden
da beißt er wieder zu der zwang
ich suche dich und bin gebunden
für ein ganzes leben lang
es mag geschöpfe geben die nicht erblinden
die kein botenstoff der welt mag binden
doch du bist eine blende
die alles überstrahlt
so glänzt und gleißt was kein gehalt
los von dir kann mich nichts reißen
bist du auch nur eingebildet
bleib ich ungebunden stur gebunden
und ich weiß es wohl
ich suche meine wunden

158

ein bild

in der tanne
brauche ich ein eichhörnchen
das die zapfen angeht
es stellt sich geschickt an kopf
über und kümmert sich nicht
hier vorne
wäre mir ein star ganz recht
der mit seiner stimme knistert über
haupt fehlt es an stimmen die abheben
immer nur die grillen im ungemähten gras sie fliehen
wie die wellen vor dem meer
was da alles erscheint und gemäht auf der strecke bleibt
    an jedem der ufer
du schickst es herüber es kommt nie an
wesend nur im bild das ahnt dich seit langem voraus
was dem mähen widersteht trumpft auf
als himmelsbrand
er heilt das traurige herz
taumelnd schön du winterblom
du gelbe speisekammer lass dein mönch mich sein:
wir haben doch lieb was da ist
was immer wir zusammensehn:
die erdhummel dürfte im winter bleiben allein
sie mag nicht so fehlt sie dem sommer die kleinste regung
den blick am fenster entdecken die nebel

158

krähen ist das nicht dein blick? dein zuckendes auge
drohnender dunkelheit mäanderndes tier laut
loser vorhang der pupille der das bild abfängt:
die königskerze gefällt
ihr skelett
dass die natur dich so einfach verwirft
alles in allem ein übertragungsfehler: deine worte
hier hast du gesessen der platz bleibt

<u>die flamme</u>
frisst den letzten
wachs
sagst du jetzt
ist sie aus

der schwimmende der sternenklare
der unsichtbare wachs
steht bald wieder still

was bleibt vom licht?
die spur deiner finger
die zarte tastfigur

es bleibt gesagt

die flamme
frisst den letzten
wachs

<u>und habe ich dich nicht</u>
wenn ich bloß an dich denke?
ist an etwas denken dieses etwas nicht selbst
und habe ich dich nicht bloß
weil ich an dich denke?
sollte mir das nicht genug sein
an dich bloß zu denken und ganz
aufgelöst zu sein

keinen körper in händen keinen mund zum kuss
und nur die leeren plätze die wieder besetzt und leer sind
ein tourist bin ich
wo du nicht mehr bist

lass nicht ab von mir
lass nicht ab

der plötzliche blick
in eine landschaft voll nebel
der unvorhergesehene blick
es wäre so schön
die landschaft würde den nebel
nie wieder los den blick
und du mir klar vor augen stehen
wie an dem tag als ich dich

es dürfte ein betreten der landschaft nicht geben
es dürfte ein kennenlernen nicht geben
es dürfte ein erinnern nicht geben
ich gehe jetzt und senke den blick
ich gehe mich jetzt verirren

163

<u>und dann hast du einfach</u>
ein foto aus deiner tasche
gekramt ganz aufgeregt
hast du dir zeit gelassen
die blicke gingen freundlich
auf ein heruntergekommenes haus
entlang der strecke
ein mit bloßem blick zu fall gebrachtes
haus daran die augen heften
draußen
du führst das foto vor
die augen das gewellte fleckpapier
in schwarza knickt das haus
ein abgerissener film
ganz ohne vorsatz
ein fliegendes blatt:
„ich zeige jetzt mal die stimmung von
damals"

164

<u>das gespräch ist zu ende</u>
wir falten unsere stimmen ein
der raum ist wieder da
draußen unter null kein hauch
es zieht von anderswo
du schweigst auch

die liebe kennt keinen fortschritt
alle fehler wiederholen wir
die totenuhr setzt mit uns ein
und aus

o engel ich weiß
von keinem lied ich künde
von keiner erfahrung ich bin stets
erneut gelöscht

der abschied ist einfach
eine kiste aus holz die
man bei sengender hitze versenkt

ohnmacht
setzt dich aus
setzt dich ein:

die liebe
ist stumm im kreis gehen
und brachliegen
und immer wieder passiert dich dieselbe stelle

„dich zu finden ach dich lernt ich
die liebe" – geht der liebe voraus
und dann verlierst du sie – dich
ein attribut ohne adresse

166

an wen du dich auch schickst
an wen du auch vergehst

bleibe hier und bleibe
ganz
offene unruh

für Sophia